AF619092

Leipziger Vorträge zu Recht und Politik

Herausgegeben von
Prof. Dr. Arnd Uhle, Universität Leipzig

Band 13

Thomas de Maizière

Religion im öffentlichen Raum

Spaltung oder Zusammenhalt der Gesellschaft?

Nomos

Onlineversion
Nomos eLibrary

Die Deutsche Nationalbibliothek verzeichnet diese Publikation in der Deutschen Nationalbibliografie; detaillierte bibliografische Daten sind im Internet über http://dnb.d-nb.de abrufbar.

ISBN 978-3-8487-6894-3 (Print)
ISBN 978-3-7489-0989-7 (ePDF)

Die Bände 1-10 sind unter dem Reihentitel „Dresdner Vorträge zum Staatsrecht“ im Nomos Verlag erschienen.

1. Auflage 2020

Vorwort

Das Verhältnis zwischen Staat und Religion – genauer: zwischen Staat und Religionsgemeinschaften – ist Gegenstand lebhafter gesellschaftlicher Debatten und rechtlich kontroverser Erörterungen. In jüngerer Zeit sind in das Zentrum der politischen und staatsrechtlichen Diskussionen vor allem Fragen der Religionsausübung im öffentlichen Raum gerückt, die vielfach im Kontext der Integration des Islams in das deutsche Staatskirchenrecht stehen. Dies illustrieren etwa die fortgesetzten Auseinandersetzungen um das muslimische Kopftuch in der öffentlichen Schule oder um die Verhüllung des Gesichts durch Burka und Niqab in der Öffentlichkeit.

Vor diesem Hintergrund widmet sich der nachfolgend veröffentlichte Vortrag über „Religion im öffentlichen Raum – Spaltung oder Zusammenhalt der Gesellschaft?", den Bundesminister a.D. Prof. Dr. *Thomas de Maizière* aus Anlass seiner Ernennung zum Honorarprofessor am 29. Januar 2019 im Rahmen der „Leipziger Vorträge zu Recht und Politik" vor der Juristenfakultät der Universität Leipzig gehalten hat, einer ebenso brisanten wie grundsatzrelevanten Thematik. Die hier vorgelegte Fassung seiner Antrittsvorlesung wurde von ihm für die Drucklegung überarbeitet und mit Anmerkungen versehen.

Für die Unterstützung bei Organisation, Durchführung und Publikation der „Leipziger Vorträge zum Staatsrecht" danke ich den wissenschaftlichen und studentischen Hilfskräften meines Lehrstuhls, vor allem Herrn *Marcus Müller* und Herrn *Lennart Enwaldt*, sowie meiner Sekretärin, Frau *Sabine Dorn*, herzlich. Vielfältigen Dank schulde ich zudem der Geschäftsführerin der Hanns Martin Schleyer-Stiftung, Frau *Barbara Frenz*, die die „Leipziger Vorträge zum Staatsrecht" seit Jahren ebenso großzügig wie kontinuierlich fördert.

Leipzig, im Januar 2020 *Arnd Uhle*

Inhaltsverzeichnis

A. Einleitung

Die Alma Mater Lipsiensis blickt auf eine lange und bedeutende Tradition nicht nur als zweitälteste Universität im heutigen Deutschland, sondern gerade auch in der Rechtswissenschaft zurück: Seit 1446 lehren und studieren hier ganze Generationen „alles, was Recht ist".[1] Dazu möchte ich fortan gern meinen kleinen und bescheidenen Beitrag leisten. Und zwar besonders vor dem Hintergrund meiner langen und breiten Erfahrung als Justiz- und Innenminister sowie auch als Abgeordneter – aber stets reflektiert als ausgebildeter Jurist. Junge Studenten an dieser Universität an diesen Erfahrungen durch die Verbindung von juristischer Lehre mit politischer Praxis teilhaben zu lassen, ist eine wichtige und schöne Aufgabe, die ich gern annehme.

Ganz in diesem Sinne versteht sich auch die nachfolgend publizierte Antrittsvorlesung – nämlich als Verbindung zwischen Rechtsdogmatik und Rechtstheorie auf der einen sowie der praktischen Rechtspolitik auf der anderen Seite. Dieser Beitrag soll keine Sammlung juristischer Gewissheiten sein – soweit es die überhaupt gibt; er ist ein Impuls und Debattenbeitrag.

Das Thema der Vorlesung „Religion im öffentlichen Raum", also das Staatskirchenrecht, gehörte früher zu den Feldern der Juristerei, die für normale Juristen alles andere als spannend waren. Staatskirchenrecht, das gehörte für die meisten zu den altmodischsten und langweiligsten Fächern. Heute indes ist das grundlegend anders: Kaum ein politisches Thema wird heutzutage so intensiv diskutiert wie das Verhältnis zwischen Staat und Religion, insbesondere dem Islam. Meistens finden diese Diskussionen allerdings ganz ohne Bezug zum Verfassungs- oder Staatskirchenrecht statt.

Bücher über den Islam erreichen Rekord-Auflagen, viele fordern ein Burkaverbot im öffentlichen Raum. Das, was als Privilegien der Kirchen bezeichnet wird, wird zunehmend streitig debattiert, genauso wie kommu-

---

1 *Konrad Krause*, Alma mater Lipsiensis. Geschichte der Universität Leipzig von 1409 bis zur Gegenwart, 2003, S. 27.

nale Zuschüsse für Kirchentage oder die Frage nach der religiösen Bindung von Mitarbeitern in christlichen Einrichtungen wie etwa Kindergärten. Andererseits werden kirchliche, christliche Feiertage von jedem gern in Anspruch genommen und sogar neuerdings in einigen Bundesländern ausgeweitet.[2] Und zu Weihnachten strömen auch viele Nichtchristen in die Kirchen. Natürlich ist das regional unterschiedlich. Es macht durchaus einen Unterschied, ob man dieses Thema in Leipzig diskutiert, bei einem Anteil der Christen von höchstens 20 % der Einwohner, oder ob man das in einer sehr katholischen Gegend in Bayern bespricht oder dort, wo der Anteil von Migranten aus islamisch geprägten Staaten besonders hoch ist.

An diesen gesellschaftlichen Diskussionen sollte sich auch die Rechtswissenschaft beteiligen, und zwar viel aktiver und stärker als bisher. Dazu leisten hier in Leipzig etwa die staatskirchenrechtlichen Seminare von Prof. Dr. Uhle einen Beitrag – und hierzu möchte auch die nachfolgend publizierte Antrittsvorlesung beitragen.

Die Rolle der Religion in unserem Staat ist nicht nur eine akademische Frage oder eine Frage für eine juristische Antrittsvorlesung – es geht vielmehr um das, was unsere Gesellschaft im Innersten zusammenhält. Und zugleich geht es damit natürlich auch um das, was unsere Gesellschaft auseinandertreiben kann. Religionen haben die Kraft zur Barmherzigkeit und Versöhnung ebenso wie zur Spaltung, zur Rechthaberei und zu Gewalt.

Der Göttinger Naturforscher Georg Christoph Lichtenberg gilt als Begründer der Aphorismen. Er lebte von 1742 bis 1799 und war Professor für Physik, Mathematik und Astronomie. Von ihm stammt der Satz: „Ist es nicht sonderbar, dass die Menschen so gerne für die Religion fechten, und so ungerne nach ihren Vorschriften leben?“[3] In abgewandelter Form würde ich heute formulieren: „Ist es nicht sonderbar, dass die Menschen so hart um Religionen streiten, wo doch immer weniger überhaupt einer Religion angehören?“

2 In Niedersachsen, Schleswig-Holstein und Hamburg ist der 31.10. als Reformationstag seit 2018 ein gesetzlicher Feiertag, s. Nds. GVBl. 2018, 122; GVOBl. Schl.-H. 2018, 69; HmbGVBl. 2018, 63.

3 *Georg Christoph Lichtenberg*, in: Wolfgang Promies (Hrsg.): Schriften und Briefe, Bd. I, 1968, Sudelbuch L [705].

Sicher überschätzten wir oft genug in unserer jahrhundertelangen Geschichte die Bedeutung von Religionen – und ich möchte hinzufügen: auch von Konfessionen und Glaubensrichtungen innerhalb von Religionen – für unser gesellschaftliches und politisches Zusammenleben. Hingegen war es aber ein fataler Irrtum der letzten Jahrzehnte, die Bedeutung von Religionen für den Zusammenhalt einer Gesellschaft zu unterschätzen. Das gilt für das Bekenntnis zu einer Religion genauso wie für die Angst vor Religionen, denen man nicht angehört.

Zu Beginn meiner Rede werde ich einige Ausführungen zu den Grundlagen unseres Staatskirchenrechts machen. Danach will ich mich dann einer Reihe von Fällen und in der Öffentlichkeit diskutierten Einzelfragen zuwenden.

B. Grundlagen des Staatskirchenrechts

I. Zur staatlichen Neutralität

Zunächst also einige grundlegende Bemerkungen:

Meine Grundthese lautet: Der Staat des Grundgesetzes ist gegenüber der Religion neutral, aber zugleich der Religion freundlich und offen zugewandt. Das lässt sich schon in der Präambel ablesen: „In Verantwortung vor Gott und den Menschen“ heißt es dort. Also eine Anerkennung von Religion, besser sogar ein sprichwörtliches „Bekenntnis“ zur Religion, wenn auch nicht zu einer bestimmten.[4]

Nun will ich die verfassungsrechtliche Bedeutung einer Präambel und deren Regelungsgehalt nicht überbewerten. Das ist umstritten und würde mir von den hier anwesenden Juristen sicher auch übelgenommen. Den Kern der Frage, welche Rolle der Religion in unserem Verfassungsstaat zukommt, bildet nämlich das im Grundgesetz in Art. 4 geregelte Grundrecht der Religionsfreiheit.

Es lautet:
(1) Die Freiheit des Glaubens, des Gewissens und die Freiheit des religiösen und weltanschaulichen Bekenntnisses sind unverletzlich.
(2) Die ungestörte Religionsausübung wird gewährleistet.
(3) [...]

Zur Religionsfreiheit gehört demnach die Freiheit, sich zu einer Religion zu bekennen und sie ungestört auszuüben (= positive Religionsfreiheit), genauso wie die Freiheit, sich nicht zu einer Religion zu bekennen und von ihr auch nicht behelligt zu werden (= negative Religionsfreiheit).[5]

---

4 Vgl. *Matthias Herdegen*, in: Maunz/Dürig, Grundgesetz Kommentar, 86. Erg.-Lfg. (Januar 2019), Präambel Rn. 33 ff.

5 *BVerfGE* 41, 29 (49) – Simultanschule; *Axel Freiherr von Campenhausen*, Religionsfreiheit, in: Isensee/Kirchhof (Hrsg.): HStR VII, 3. Aufl. 2009, § 157 Rn. 127 ff.; *Christian Starck*, in: v. Mangoldt/Klein/Starck, Grundgesetz Kommentar, Bd. 1, 7. Aufl. 2018, Art. 4 Rn. 23 ff.; *Johannes Hellermann*, Die sogenannte negative Seite der Freiheitsrechte, 1993, S. 21 ff.

Was sich zunächst „nur" nach einem *subjektiven* Recht jedes Einzelnen anhört, ist bei näherer Betrachtung aber mehr. Darin findet sich auch ein *objektiver* Rechtsgrundsatz.[6] Nämlich der, dass jede Religion und jede Weltanschauung nach unserer Verfassung grundsätzlich gleich viel wert ist, und sich jede Bevorzugung in die eine oder andere Richtung verbietet. Anders ließe sich die Religionsfreiheit ja sonst, wenn Menschen verschiedenen Glaubens sind, gar nicht verwirklichen.

Aus diesem Grundsatz heraus gehört es zum Selbstverständnis moderner Demokratien westlicher Prägung, dass Religion und Staat zwei Bereiche sind, die sich grundsätzlich getrennt und mit klar bestimmten und abgrenzbaren Einflusssphären gegenüberstehen. Allerdings mit unterschiedlicher Zielrichtung: In Frankreich sollte dieser Grundsatz den Staat vor einer ungebührlichen Einflussnahme der Religion schützen.[7] In Deutschland hingegen soll er die Religion vor einer Einmischung des Staates schützen.[8]

Das zeigt sich in Art. 140 des Grundgesetzes. Danach sind die Bestimmungen der Art. 136, 137, 138, 139 und 141 der Weimarer Reichsverfassung vom 11. August 1919 Bestandteile dieses Grundgesetzes. Diese Verweisung war ein Kompromiss im Parlamentarischen Rat, weil man sich auf eine direkte wörtliche Übernahme oder Neuformulierung nicht einigen konnte.[9]

Diese Bestimmungen haben für unser Thema eine große Bedeutung. So heißt es in Art. 137 Abs. 1 WRV: „Es besteht keine Staatskirche." Und weiter in Art. 141 WRV: „Soweit das Bedürfnis nach Gottesdienst und Seelsorge im Heer, in Krankenhäusern, Strafanstalten oder sonstigen öffentlichen

---

6 *BVerfGE* 12, 1 (4); *BVerfGE* 19, 206 (216) – Kirchenbausteuer; *BVerfGE* 24, 236 (246) – (Aktion) Rumpelkammer; *BVerfGE* 93, 1 (16 f.) – Kruzifix; *BVerfGE* 108, 282 (299) – Kopftuch; *Stefan Mückl*, Grundlagen des Staatskirchenrechts, in: Isensee/Kirchhof (Hrsg.): HStR VII, 3. Aufl. 2009, § 159 Rn. 67 ff.; *Christian Starck*, in: v. Mangoldt/Klein/Starck, Grundgesetz Kommentar, Bd. 1, 7. Aufl. 2018, Art. 4 Rn. 21 ff.

7 *Axel Freiherr von Campenhausen*, Der heutige Verfassungsstaat und die Religion, in: Listl/Pirson (Hrsg.): HdbStKirchR Bd. I, 2. Aufl. 1994, S. 47 (66 ff.).

8 *Axel Freiherr von Campenhausen*, Der heutige Verfassungsstaat und die Religion, in: Listl/Pirson (Hrsg.): HdbStKirchR Bd. I, 2. Aufl. 1994, S. 47 (71 ff.).

9 *Stefan Mückl*, Grundlagen des Staatskirchenrechts, in: Isensee/Kirchhof (Hrsg.): HStR VII, 3. Aufl. 2009, § 159 Rn. 22; *Alexander Hollerbach*, Zur Entstehungsgeschichte der staatskirchenrechtlichen Artikel des Grundgesetzes, in: Blumenwitz (Hrsg.): Konrad Adenauer und seine Zeit, Bd. 2, 1976, S. 367 (377).

Anstalten besteht, sind die Religionsgesellschaften zur Vornahme religiöser Handlungen zuzulassen, wobei jeder Zwang fernzuhalten ist."

Art. 4 GG mit der Religionsfreiheit und Art. 140 GG mit der institutionellen Verschränkung von Staat und Kirche muss man zusammen lesen und zusammen legen. Der Leipziger Rechtswissenschaftler Prof. Dr. Arnd Uhle hat dies jüngst die zwei Pfeiler genannt, auf denen das deutsche Staatskirchenrecht beruht.[10]

Das Staatskirchenrecht gewährt den Religionen freien privaten und öffentlichen Entfaltungsraum. Religion ist Privatsache, aber diese Privatsache kann und darf, ja, soll im öffentlichen Raum sichtbar und vernehmbar stattfinden.[11]

Und genau das unterscheidet den Staat des Grundgesetzes fundamental vom laizistischen Staat zum Beispiel in Frankreich, der die Zurückdrängung der Religion aus dem öffentlichen Leben und ihre Beschränkung auf den sozusagen „unsichtbaren" Bereich des Privaten anstrebt.[12]

Natürlich wäre ein christlicher Staat – also ein Staat, in dem christliches Recht Vorrang vor staatlichem Recht hätte – mit dem Grundgesetz unvereinbar. Das ist auch ausdrücklich in Art. 137 Abs. 1 der insoweit unter dem Grundgesetz nach Art. 140 „fortgeltenden" Weimarer Reichsverfassung geregelt: „Es besteht keine Staatskirche."

Aber auch im säkularen Staat bleiben Religion und Politik aufeinander verwiesen. Der Trennung von Staat und Kirche liegt das Verständnis einer wechselseitigen Begrenzung von staatlicher und religiöser Autorität zugrunde: Unser Staat achtet die spirituelle Autorität der Religionen, behauptet aber zugleich seine eigene Autorität zur Regelung des Zusammen-

---

10 *Arnd Uhle*, Religionsfreiheit, in: Hessische Landesvertretung Berlin (Hrsg.), Werte. Ein gemeinsames Fundament für Deutschland und Europa?, 2019, S. 175 (178 ff.).

11 *BVerfGE* 41, 29 (49) – Simultanschule; *Stefan Mückl*, Europäisierung des Staatskirchenrechts, 2005, S. 272 ff.

12 *Ernst-Wolfgang Böckenförde*, Der säkularisierte Staat. Sein Charakter, seine Rechtfertigung und seine Probleme im 21. Jahrhundert, 2007, S. 15; *Axel Freiherr von Campenhausen*, Der heutige Verfassungsstaat und die Religion, in: Listl/Pirson (Hrsg.): HdBStKiR Bd. I, 2. Aufl. 1994, S. 47 (66 ff.); *Stefan Mückl*, Europäisierung des Staatskirchenrechts, 2005, 180 ff., 218.

lebens.[13] Das Grundgesetz gewährt also die Freiheit des Glaubens und grenzt sie zugleich auch ein. Denn die Religionsfreiheit entbindet niemanden von der Treue zur Verfassung. Wo genau diese Grenze verläuft, das ist dann Gegenstand politischer und rechtlicher Debatten.

Und doch kennt umgekehrt auch der Staat seine Grenzen. Ich will hier nicht erneut Ernst-Wolfgang Böckenförde zitieren, aber klar ist, dass der demokratische Staat keine Ersatzreligion sein will, darf und auch nicht kann.[14] Dort, wo der Staat selbst zur monopolistisch auftretenden moralischen Instanz mit einem moralischen Geltungsanspruch für alle und alles erhoben wird, verschwindet die Freiheit.[15] Der demokratische Staat bedarf zu seinem Funktionieren einer Zivilgesellschaft, die die Freiheit verantwortlich nutzt. Sie bedarf – altmodisch gesagt – der „Bürgertugend". Der Staat muss darauf vertrauen, dass sich das verantwortliche Verhalten seiner Bürger – übrigens auch und gerade gegenüber Religionen, denen man selbst nicht angehört – nicht nur aus Regeln speist, die er selbst durch Verfassung und Gesetz setzt.

Im Grundgesetz und im Strafgesetzbuch ist nicht geregelt, dass das Zusammenleben besser funktioniert, wenn Menschen höflich sind, Respekt voreinander haben und sich ehrenamtlich engagieren. Genau solche Werte und Normen vermitteln aber oft genug die Religionen. Sie geben Orientierung im Handeln und schließen dadurch gewissermaßen die Lücken bei der Regelung des Zusammenlebens, die der Staat allein nicht ausfüllen kann.

Die vermeintliche „Verrohung" in Sprache und Verhalten, über die wir seit einigen Jahren sehr intensiv diskutieren, hat auch damit zu tun: In dem Maße, in dem gesellschaftliche Institutionen wie etwa die Kirchen an Bedeutung einbüßen, geht auch Orientierung und die Stiftung von Gemein-

---

13 *Axel Freiherr von Campenhausen*, Das bundesdeutsche Modell des Verhältnisses von Staat und Kirche – Trennung und Kooperation, ZevKR 42 (1997), S. 169 (171 f.).

14 „Der freiheitliche, säkularisierte Staat lebt von Voraussetzungen, die er selbst nicht garantieren kann.", *Ernst-Wolfgang Böckenförde*, Die Entstehung des Staates als Vorgang der Säkularisation, in: Säkularisation und Utopie. Ernst Forsthoff zum 65. Geburtstag, 1967, S. 75 ff. (93).

15 *Ernst-Wolfgang Böckenförde*, Die Entstehung des Staates als Vorgang der Säkularisation, in: Säkularisation und Utopie. Ernst Forsthoff zum 65. Geburtstag, 1967, S. 75 ff. (93).

schaft verloren. Der Autoritäts- und Bindungsverlust dieser Institutionen zieht zwangsläufig auch einen Wirkungsverlust in und für die Gesellschaft nach sich.

Der Staat des Grundgesetzes weiß um diese bürgerschaftlichen Effekte von Religion und Kirche und fördert sie um seiner selbst und um der Gesellschaft willen. Er hat erkannt, dass der gesellschaftliche und staatliche Zusammenhalt durch das Handeln von Menschen und insbesondere auch von Religionen gesichert wird.

Das heißt: Der Staat kennt und akzeptiert die Grenzen seiner Macht und seiner Handlungsfähigkeit, damit sich Macht und Handlungsfähigkeit der Zivilgesellschaft entfalten können. Und auch über diese Grenze wird politisch und rechtlich gestritten.

Das Grundgesetz enthält also bewusst eine Ordnung, in der die Religionsfreiheit garantiert und Staat und Religion zwar voneinander getrennt sind, in der aber Religion nicht aus der Öffentlichkeit abgetrennt wird. Hierbei bedeutet rechtliche Neutralität nicht Äquidistanz.

II. Insbesondere: Religionsgemeinschaften als Körperschaften des öffentlichen Rechts

Die Bedeutung der Religionen für moderne Gesellschaften liegt auch darin, dass sie einseitigen Ansprüchen von Markt, Staat und Rationalität etwas entgegensetzen:

- Die Betonung der Sonntagsruhe ist nicht nur christlich begründet, sondern auch für Biorhythmen und Arbeitskultur sinnvoll.[16]
- Der Religionsunterricht stellt in staatlichen Schulen Fragen, die sonst nicht gestellt würden.
- Kritische Anfragen an die Grenzen moderner medizinischer Forschung sind sicher manchmal für die Wettbewerbsfähigkeit deutscher Forschungsinstitutionen lästig, aber sie berühren den Kern der Menschenwürde.

---

16 S. auch *BVerfGE* 125, 39 (81) – Adventssonntage Berlin; zusammenfassend *Herbert Pribyl*, Freizeit und Sonntagsruhe: Zur ethischen Relevanz der Freizeit unter besonderer Berücksichtigung der Sonntagsruhe, 2005, S. 210 ff.

- Wenn Eigeninitiative in einer Jugendgruppe, einer psychiatrischen Betreuung oder bei der Pflege wichtige Arbeit leistet, die weder der Staat noch der Markt organisieren kann, dann muss es auch dem Staat wichtig sein, dass so etwas stattfindet.

Das Bewusstsein über diese Funktion von Religionen ist – neben den insoweit klaren grundgesetzlichen Vorgaben – der entscheidende Grund dafür, dass die Kirchen in Deutschland ein Selbstbestimmungs- und Selbstverwaltungsrecht, kurz: Kirchenautonomie, genießen.[17] Und es ist der entscheidende Grund dafür, dass in Deutschland auch das kirchliche Vermögen und Eigentum unter einem besonderen Schutz des Staates stehen, Art. 140 GG i. V. m. Art. 138 Abs. 2 WRV.

Um diese besondere Rolle der Kirchen für die Gesellschaft zu unterstreichen, wurde ihnen zudem – als deutsche Besonderheit – ein spezieller und privilegierter Status verliehen, nämlich der Status einer Körperschaft des öffentlichen Rechts.[18] Dadurch sind sie dienstfähig, können Beamte einstellen, können Steuern erheben und anderes mehr.[19] Dies soll die Verfolgung öffentlicher Gemeinschaftsinteressen vereinfachen.[20] Durch diesen Status sind sie einerseits vom Staat, andererseits von der privaten Gesellschaft getrennt.[21] Deshalb ist die Bundesrepublik Deutschland ein weltanschaulich neutraler, aber zugleich ein religionsfreundlicher Staat.

---

17 Vgl. *BVerfGE* 72, 278 (289) – Zur Kirchenfreiheit im Bereich der Berufsbildung.

18 „Der Status einer Körperschaft des öffentlichen Rechts soll die Eigenständigkeit und Unabhängigkeit der Religionsgemeinschaft unterstützen.“; *BVerfGE* 139, 321 (349) – Zeugen Jehovas Bremen; *BVerfGE* 102, 370 (387) – Körperschaftsstatus der Zeugen Jehovas; *Arnd Uhle*, Ein "rätselhafter Ehrentitel"? – Der Körperschaftsstatus der Kirchen und Religionsgemeinschaften, in: Depenheuer/Heintzen/Jestaedt/Axer (Hrsg.), Staat im Wort. Festschrift für Josef Isensee, 2007, S. 1033 ff. (1051).

19 S. zur Übersicht: *Mückl*, Grundlagen des Staatskirchenrechts, in: Isensee/Kirchhof (Hrsg.): HStR VII, 3. Aufl. 2009, § 159 Rn. 107.

20 *Arnd Uhle*, Ein "rätselhafter Ehrentitel"? Der Körperschaftsstatus der Kirchen und Religionsgemeinschaften, in: Depenheuer/Heintzen/Jestaedt/Axer (Hrsg.), Staat im Wort. Festschrift für Josef Isensee, 2007, S. 1033 ff. (1051).

21 *BVerfGE* 102, 370 (387 f.) – Körperschaftsstatus der Zeugen Jehovas; *BVerfGE* 139, 321 (349) – Zeugen Jehovas Bremen; *Paul Kirchhof*, Die Kirchen und Religionsgemeinschaften als Körperschaften des öffentlichen Rechts, in: Listl/Pirson (Hrsg.): HdbStKirchR Bd. I, 2. Aufl. 1994, S. 651 (657).

So weit, so gut. All das war nahezu unbestritten, solange 70 %, 80 % oder gar 90 % der Bevölkerung christlich waren. Das indes hat sich geändert: Nicht nur in den ostdeutschen Bundesländern – aber dort besonders – sind die Mitglieder christlicher Kirchen in der Minderheit oder aber ihre Zahl sinkt.[22] Und fast 5 % der deutschen Bevölkerung sind muslimisch. Niemand kennt die Zahl ganz genau, aber es dürften 4 bis 5 Mio. Menschen sein.[23] Es gibt rund 2600 islamische Gemeinden und viele islamische Verbände.[24]

Die zentralen Fragen sind deshalb nun: Können auch Muslime mit dem deutschen Staat auf der Grundlage des deutschen Staatskirchenrechts kooperieren? Passt das deutsche Staatskirchenrecht mit seinen historisch auf das Verhältnis zwischen dem Staat und den christlichen Kirchen zugeschnittenen Regelungen überhaupt auf Muslime und ihre Organisationen? Und wenn nicht: Müssen sich Muslime dann an das deutsche Staatskirchenrecht anpassen oder umgekehrt das deutsche Staatskirchenrecht an die Muslime?

Zunächst einmal: Die Vorschriften der deutschen Verfassung gelten für alle Kirchen und Religionsgemeinschaften. Alle haben dieselben Rechte und Pflichten. Dies lässt sich für die Religionsgemeinschaften schon aus Art. 4 Abs. 1 und 2, aus Art. 140 GG i. V. m. Art. 137 Abs. 1, 3, 5 und 7 WRV sowie auch aus Art. 3 Abs. 1 GG ableiten.[25]

---

22 Laut Angaben der Deutschen Bischofskonferenz zählte die katholische Kirche 2010 ca. 24,6 Millionen und 2018 noch ca. 23 Millionen Mitglieder, abrufbar unter https://www.dbk.de/kirche-in-zahlen/kirchliche-statistik/, zuletzt abgerufen am 14.8.2019; der Evangelischen Kirche in Deutschland zufolge zählten die evangelischen Kirchen am 31.12.2010 ca. 23,9 Millionen und am 31.12.2018 noch ca. 21,1 Millionen Mitglieder, abrufbar unter https://www.ekd.de/broschuere-zahlen-und-fakten-zum-kirchlichen-leben-44383.htm, zuletzt abgerufen am 14.8.2019.

23 Eine Untersuchung des Bundesamts für Migration und Flüchtlinge ergab, dass am 31.12.2015 zwischen 4,4 und 4,7 Millionen Muslime in Deutschland lebten, also 5,4 bis 5,7 % der Gesamtbevölkerung, s. *Anja Stichs*, Wie viele Muslime leben in Deutschland? Eine Hochrechnung über die Anzahl der Muslime in Deutschland zum Stand 31. Dezember 2015, 2016, S. 29.

24 *Mathias Rohe*, Der Islam in Deutschland, 2016, S. 183.

25 *Stefan Korioth*, in: Maunz/Dürig, Grundgesetz, 86. Erg.-Lfg. Januar 2019, Art. 140 Rn. 32; *Stefan Mückl*, Grundlagen des Staatskirchenrechts, in: Isensee/Kirchhof (Hrsg.): HStR VII, 3. Aufl. 2009, § 159 Rn. 73.

Die in der öffentlichen Diskussion immer wieder erhobene Forderung nach einer sogenannten Anerkennung des Islam oder seiner Gleichstellung mit den christlichen Kirchen und der jüdischen Gemeinschaft geht deshalb von der falschen Grundannahme aus, der Islam bedürfte einer rechtlichen Gleichstellung mit anderen Religionen. Das ist eben nicht so, denn es steht selbstverständlich nicht infrage, dass es sich bei dem Islam um eine anerkannte Religion handelt. Da bedarf es keines förmlichen Aktes der Anerkennung.

Bei den Diskussionen geht es vielmehr um etwas anderes, eigentlich Einfaches: Kernpunkt ist die Frage, wie eine Religionsgemeinschaft organisiert sein muss, damit sie als Kooperationspartner des Staates handeln kann.

Nach deutschem Verfassungsverständnis ist etwa die gesamte Christenheit im Rechtssinne ebenso wenig eine Religionsgemeinschaft wie die Umma, die Gesamtheit aller Muslime auf der Erde. Nicht das Christentum ist eine Religionsgemeinschaft im Sinne des Grundgesetzes, sondern die christlichen Kirchen sind Körperschaften des öffentlichen Rechts als je eigene mitgliedschaftliche Organisationen der Gläubigen. Dies wird bei mancher öffentlichen Diskussion übersehen.

Körperschaft des öffentlichen Rechts kann nach der Rechtsprechung nur werden, wer *erstens* als Organisation nach Verfassung und Anzahl der Mitglieder die Gewähr einer Dauerhaftigkeit bietet, Art. 140 GG i. V. m. Art. 137 Abs. 5 S. 2 WRV.[26] Eine solche Organisation muss *zweitens* die Gewähr dafür bieten, dass ihr Verhalten nicht fundamentalen Verfassungsprinzipien widerspricht.[27] Der Rechtsstaat kann nicht solchen Organisationen hoheitliche Rechte verleihen, vor denen er Verfassungsgrundsätze schützen muss.[28] Und als Religionsgemeinschaft gehört *drittens* zusätzlich dazu, dass sich nicht nur die Mitglieder, sondern auch die Organisation selbst der gemeinsamen Religionsausübung verpflichtet fühlen muss und sie nicht nur politische oder soziale Interessen ihrer Mitglieder vertreten darf.[29]

---

26 *BVerfGE* 102, 370 (384 f.) – Körperschaftsstatus der Zeugen Jehovas.

27 *BVerfGE* 102, 370 (392) – Körperschaftsstatus der Zeugen Jehovas; *BVerfGE* 139, 321 (351) – Zeugen Jehovas Bremen.

28 *BVerfGE* 102, 370 (393) – Körperschaftsstatus der Zeugen Jehovas.

29 *BVerfGE* 102, 370 (385) – Körperschaftsstatus der Zeugen Jehovas; *Paul Kirchhof*, Die Kirchen und Religionsgemeinschaften als Körperschaften des öffentlichen Rechts, in: List/Pirson (Hrsg.): HdBStKirchR Bd. I, 2. Aufl. 1994, S. 651 (682).

Man muss wertfrei zur Kenntnis nehmen, dass der Islam anders organisiert ist als das Christentum. Es gibt nach Geschichte und Selbstverständnis des Islam dort keine institutionalisierten Kirchen im christlichen Sinne. Es gibt verschiedene Glaubensrichtungen, etwa die Sunniten oder die Schiiten, aber keine den christlichen Kirchen gleichartige Organisationsform.

Und trotzdem kann das Grundgesetz auch im Verhältnis zum Islam so bleiben, wie es ist. Darin ist ja gerade nicht von Kirchen, sondern von Religionsgemeinschaften oder – im Wortlaut der Weimarer Verfassung – Religions*gesellschaften* die Rede.[30] Genau genommen taucht das Wort „Kirche" nur einmal, nämlich in Art. 137 Abs. 1 WRV auf: „Es besteht keine Staatskirche." Und dennoch, wegen seiner typischerweise auf die christlichen Kirchen abstellenden Geschichte, sprechen wir interessanterweise in Deutschland vom „Staats*kirchen*recht" und nicht etwa vom „Staats*religions*recht".

Selbst wenn man deshalb der Auffassung wäre, dass das deutsche Staatskirchenrecht auf islamische Organisationsformen nicht passt und selbst wenn man deshalb ein eigenes, für den Islam passendes Religionsverfassungsrecht schaffen würde, dann kann ich mir nicht recht vorstellen, wie ein solches Recht aussehen sollte, wenn man auf die Kriterien Organisationsmacht, gemeinsame Religionsausübung und Verfassungstreue verzichtete.

Insofern scheint mir die Debatte über die Frage, ob das deutsche Staatskirchenrecht auf den Islam „passt", ziemlich akademisch. Denn auch ein eigenes Staatskirchenrecht für den Islam mit der Möglichkeit, Körperschaft des öffentlichen Rechts zu werden, müsste an Kriterien gebunden werden. Und die würden sich von den von mir eben genannten wohl nicht substanziell unterscheiden. Es sei denn, man wollte kleine Gruppen, die nicht einmal eine gemeinsame Religionsausübung dauerhaft vornehmen und vielleicht sogar verfassungswidrig sind, als Religionsgemeinschaften oder Körperschaften des öffentlichen Rechts anerkennen.

Einige Rechtswissenschaftler fordern daher, wie jüngst etwa Prof. Dr. *Christian Waldhoff* von der Humboldt-Universität, mittelfristig müsse „eine mitgliedschaftlich orientierte Institutionalisierung des Islams in Deutschland

30 Art. 137 Abs. 2 S. 1, Abs. 3 S. 1, Abs. 4, Abs. 5 S. 1, Abs. 5 und Abs. 7 WRV.

erfolgen". Bis dahin könne man sich mit Ersatzkonstruktionen wie Beiräten behelfen.[31]

Diese Forderung teile ich nicht.

Denn wenn wir allen Religionen das Recht der Selbstbestimmung und der Selbstorganisation zugestehen, dann gehört dazu nach meiner Auffassung auch das Recht, sich – überspitzt formuliert – eben nicht organisieren zu wollen. Wenn der Status der Körperschaft des öffentlichen Rechts der Ausübung der Religionsfreiheit dienen soll,[32] muss es Religionsgemeinschaften freistehen, sich für aber auch gegen die mitgliedschaftliche Organisation zu entscheiden. Die Religionsfreiheit kennt – wie schon beschrieben – eine positive und eine negative Komponente. Der Staat bietet den Religionsgemeinschaften die öffentlich-rechtliche Organisation an, er zwingt sie ihnen nicht auf.[33] Art. 137 Abs. 2 WRV nennt das „die Freiheit der Vereinigung zu Religionsgesellschaften".

Die eigentliche Frage ist dagegen eine ganz andere:

Können wir es aushalten, dass eine Religion besondere Privilegien besitzt, die mit dem Status der Körperschaft des öffentlichen Rechts verbunden sind, während wir anderen Religionen diese Privilegien verwehren? Das ist die entscheidende Frage, auf die wir eine Antwort finden müssen.

Meine persönliche Antwort lautet: Ja, das kann der demokratische Staat.

---

31 „Mit dem Zusammenbruch des Kaiserreichs vor hundert Jahren ging die letzte Phase des (evangelischen) Staatskirchentums in Deutschland zu Ende. Die religionsverfassungsrechtlichen Kompromisse, die aus der Revolutionszeit des Jahres 1918 hervorgingen, haben bis heute Bestand.", *Christian Waldhoff*, Aufgabe erfüllt., Frankfurter Allgemeine Zeitung Nr. 251 vom 29.10.2018, S. 6.

32 *BVerfGE* 102, 370 (387) – Körperschaftsstatus der Zeugen Jehovas.

33 *Hermann Weber*, Die Verleihung der Körperschaftsrechte an Religionsgemeinschaften. Grundsätzliche und aktuelle Probleme, ZevKR 34 (1989), S. 337 (349).

Keine Gruppe von Gläubigen muss sich als Körperschaft organisieren oder organisieren wollen. Der Staat kann Kriterien festlegen, an denen für eine Gruppe besondere Rechte hängen. Wer diese Rechte haben will, muss die Kriterien erfüllen – wer nicht, der eben nicht. Solange diese Kriterien nicht unverhältnismäßig streng sind und für alle gelten, halte ich das nicht für willkürlich, die christlichen Kirchen bevorzugend oder sonstwie für beanstandenswert.

C. Aktuelle Beispiele

Nach diesen grundlegenden Anmerkungen zum Staatskirchenrecht lassen Sie mich nun ein paar aktuelle Themen ansprechen, über die in diesem Zusammenhang diskutiert wird.

I. Kopftücher in öffentlichen Einrichtungen

1. Das Kopftuch der Lehrerin

Entschieden ist die Frage, ob einer angehenden muslimischen Lehrerin das Tragen ihres religiös motivierten Kopftuchs verweigert werden darf, weil sie beabsichtigt, ein religiös motiviertes Kopftuch in der Schule und während des Unterrichts zu tragen.

Das nordrhein-westfälische Schulgesetz verbot es Lehrerinnen und Lehrern in der Schule, politische, religiöse, weltanschauliche oder ähnliche äußere Bekundungen abzugeben, die geeignet sind, die Neutralität des Landes gegenüber Schülerinnen und Schülern sowie Eltern oder den politischen, religiösen oder weltanschaulichen Schulfrieden zu gefährden oder zu stören.[34] Die Lehrerin trug ein Kopftuch und hat es nach Konfrontation mit der Schulleitung durch eine Wollmütze ersetzt, welche auch ihr Haar und ihre Ohren verdeckt. Die Schulbehörde mahnte sie ab, wogegen die Lehrerin schließlich klagte. In diesem Fall war die Betroffene Angestellte des Landes und keine Beamte.[35]

2003 hatte das Bundesverfassungsgericht in einem anderen Fall noch entschieden, dass dem Personal in Schulen und Ähnlichem das Tragen des Kopftuchs (und anderer religiöser Symbole in strikter Gleichbehandlung) verboten werden kann.[36] Damals wurde einer Muslimin die Einstellung

---

34 § 57 Abs. 4 des Schulgesetzes für das Land Nordrhein-Westfalen (SchulG NW) vom 15.2.2005 (GV.NRW. S. 102) in der Fassung des Ersten Gesetzes zur Änderung des Schulgesetzes vom 13.6.2006 (GV.NRW. S. 270).

35 *BVerfGE* 138, 296 (301 ff.) – Kopftuchverbot Nordrhein-Westfalen.

36 *BVerfGE* 108, 282 (310, 313) – Kopftuch.

verweigert, weil sie beabsichtigte, während des Unterrichts ihr Kopftuch zu tragen.[37] Auf diese Entscheidung hin erließen zahlreiche Länder entsprechende Gesetze: Berlin[38] und Hessen[39] in Bezug auf den öffentlichen Dienst im Allgemeinen; Baden-Württemberg,[40] Bayern,[41] Bremen,[42] Niedersachsen,[43] Nordrhein-Westfalen[44] und das Saarland[45] mit Blick auf den Schulbetrieb.[46]

2015 hat das Bundesverfassungsgericht dagegen entschieden, dass ein generelles und abstraktes Verbot des Kopftuch-Tragens im Unterricht durch ein entsprechendes Landesgesetz gegen die Ausübung der Religionsfreiheit verstoße. Es müsste im Übrigen unterschiedslos für alle Religionen gelten.[47]

---

37 *BVerfGE* 108, 282 (284) – Kopftuch.

38 §§ 1 f. des Gesetzes zu Artikel 29 der Verfassung von Berlin vom 27.1.2005 (GVBl. S. 92).

39 § 68 Abs. 2 des Hessischen Beamtengesetzes in der Fassung vom 11.1.1989 (GVBl. S. 26), zuletzt geändert durch Art. 1 des Gesetzes vom 21.6.2018 (GVBl. S. 291); § 86 Abs. 3 des Hessischen Schulgesetzes in der Fassung vom 1.8.2017 (GVBl. 150) zuletzt geändert durch Art. 13 des Gesetzes vom 3.5.2018 (GVBl. S. 82).

40 § 38 Abs. 2 des Schulgesetzes für Baden-Württemberg in der Fassung vom 1.8.1983 (GBl. S. 397), zuletzt geändert durch Art. 5 des Gesetzes vom 19.11.2019.

41 Art. 59 Abs. 2 des Bayerischen Gesetzes über das Erziehungs- und Unterrichtswesen in der Fassung der Bekanntmachung vom 31.5.2000 (GVBl. 414, 632), zuletzt geändert durch § 5 des Gesetzes vom 23.12.2019 (GVBl. S. 737).

42 § 59b Abs. 4 und 5 des Bremischen Schulgesetzes vom 28.6.2005 (Brem.GBl. S. 260, ber. S. 388, 398), zuletzt geändert durch Art. 1 des Änderungsgesetzes vom 26.6.2018 (Brem.GBl. S. 304).

43 § 51 Abs. 3 und 4 des Niedersächsischen Schulgesetzes in der Fassung vom 3.3.1998 (Nds. GVBl. S. 137), zuletzt geändert durch Art. 1 des Gesetzes vom 17.12.2019 (Nds. GVBl. S. 430).

44 § 57 Abs. 3 und 4 des Schulgesetzes für das Land Nordrhein-Westfalen (SchulG NW) vom 15.2.2005 (GV.NRW. S. 102) zuletzt geändert durch Art. 2 des Gesetzes vom 3.12.2019 (GV. NRW. S. 894).

45 § 1 Abs. 2a des Gesetzes Nr. 812 zur Ordnung des Schulwesens im Saarland vom 5.5.1965 in der Fassung der Bekanntmachung vom 21.8.1996 (Amtsbl. S. 846, ber. 1997 S. 147), zuletzt geändert durch Art. 1 des Gesetzes vom 28.8.2019 (Amtsbl. I S. 668).

46 *Guy Beaucamp/Jakob Beaucamp*, In dubio pro libertate. Überlegungen zur Kopftuch- und Burkaverbotsdebatte, DÖV 2015, 174 (176); *Julia von Blumenthal*, Das Kopftuch in der Landesgesetzgebung. Governance im Bundesstaat zwischen Unitarisierung und Föderalisierung, 2009, S. 123.

47 *BVerfGE* 138, 296 (348) – Kopftuchverbot Nordrhein-Westfalen.

Das gerichtlich bestätigte Kopftuchverbot sei für die Lehrerin, die das Tragen des Kopftuchs nachvollziehbarerweise als für sich verpflichtend ansieht, ein „schwerwiegender Eingriff in ihr Grundrecht auf Glaubens- und Bekenntnisfreiheit".[48] Aus diesem Grund sei das Verbot unverhältnismäßig, wenn es auf eine lediglich abstrakte Gefahr gestützt wird.[49] Allerdings könne ein solches Verbot greifen, wenn durch das Tragen des Kopftuches „eine hinreichend konkrete Gefahr für den Schulfrieden oder die staatliche Neutralität" ausgehe.[50] Das könne durchaus von Schule zu Schule oder von Region zu Region unterschiedlich sein.

Das Urteil ist natürlich dogmatisch schlüssig. Und wer würde schon in seiner Antrittsvorlesung die Rechtsprechung des Bundesverfassungsgerichts kritisieren? Und dennoch erlaube ich mir eine kritische Anmerkung:

Wirklich praktisch arbeiten kann man mit diesem Urteil im Schulalltag freilich nicht. Wer stellt denn fest, wann der Schulfrieden konkret gefährdet ist? Ist es dann nicht schon zu spät? Sind es einzelne Schüler oder Eltern, die sich in ihrer negativen Religionsfreiheit beschränkt sehen? Kommt es auf die Mehrheit an? Wie lange ist denn der Schulfrieden bedroht? Gilt das dann für die ganze Schule oder nur für einzelne Klassen? Muss die Lehrerin ihr Kopftuch von Klasse zu Klasse an- und ausziehen? Ist ein Kopftuch dann erlaubt und angemessen, wenn es viele Muslime in der Gegend gibt? Oder ist es nicht gerade umgekehrt, weil dann dort die Beeinflussung als ohnehin größer unterstellt werden kann? Und wie steht es dann mit Ängsten einer Überfremdung? Und wenn ein Verbot auch für andere religiöse Symbole gilt, wie groß darf dann ein Kreuz als Halskette einer Lehrerin sein, bis dieses Kreuz eine hinreichend konkrete Gefahr für den Schulfrieden darstellt? Kurzum: Ich halte dieses Urteil nicht für besonders praxistauglich.

Nicht Stellung bezogen hat das Gericht dazu, wie die Abwägung ausginge, wäre die Beschwerdeführerin Beamtin gewesen. Das musste es in diesem Fall auch nicht. Dennoch ist der Fall interessant, weil die Mehrzahl der Lehrerinnen beamtet sind.

---

48 *BVerfGE* 138, 296 (331) – Kopftuchverbot Nordrhein-Westfalen.
49 *BVerfGE* 138, 296 (335) – Kopftuchverbot Nordrhein-Westfalen.
50 *BVerfGE* 138, 296 (343 f.) – Kopftuchverbot Nordrhein-Westfalen.

Beamte stehen in einer engeren Bindung zum Staat als Angestellte. In der Vergangenheit wurde es für möglich erachtet, den Grundrechtsschutz in diesen „besonderen Gewaltverhältnissen“ sehr einzuschränken, zum Beispiel sollte der Vorbehalt des Gesetzes keine Anwendung finden.[51] 1972 hat das Bundesverfassungsgericht in der Strafvollzugsentscheidung dies indes grundsätzlich abgelehnt. Der Eingriff in Grundrechte ohne zugrundeliegendes Gesetz ließe sich nicht mit der umfassenden Grundrechtsbindung des Staates aus Art. 1 Abs. 3 GG vereinen.[52]

Auch die Beamtin ist daher als Lehrerin im Unterricht grundrechtsberechtigt, der Grundrechtsschutz besteht grundsätzlich auch im Sonderstatusverhältnis.[53] Wesentliche Einschränkungen von Grundrechten sind nur durch Gesetz zulässig.[54]

Nun kann die Religionsfreiheit mangels anderer Grundrechtsschranken nur durch andere Verfassungsgüter eingeschränkt werden.[55] Das BVerfG lässt die abstrakte Gefährdung des Schulfriedens, der negativen Religionsfreiheit anderer und die staatliche Neutralitätspflicht nicht genügen, um ein Verbot religiöser Symbole zu rechtfertigen.[56]

Aus Art. 33 Abs. 5 GG ergibt sich allerdings die Treuepflicht Beamter gegenüber dem Staat und der Verfassung.[57] Zu diesen Pflichten gehört auch die oben beschriebene Pflicht zur Neutralität. Beamtete Lehrer sollte der Staat deshalb stärker zur Neutralität anhalten können als angestellte. Wird

---

51 Vgl. dazu *Sebastian Graf von Kielmansegg*, Das Sonderstatusverhältnis, JA 2012, 881; klassisch hierzu *Otto Mayer*, Deutsches Verwaltungsrecht, Bd. 1, 1895, S. 99, 102 ff., 125 f.

52 *BVerfGE* 33, 1 (11 f.) – Strafgefangene.

53 *BVerfGE* 39, 334 (366) – Extremistenbeschluss; *BVerfGE* 108, 282 (297) – Kopftuch; *Eberhard Schmidt-Aßmann*, in: Maunz/Dürig, Grundgesetz Kommentar, Stand der 86. Erg.-Lfg. (Januar 2019), Art. 19 Abs. 4 Rn. 84 ff., 89.

54 *Karl-Peter Sommermann*, in: v. Mangoldt/Klein/Starck, Grundgesetz Kommentar, Bd. 2, 7. Aufl. 2018, Art. 20, Rn. 273 ff.

55 *BVerfGE* 28, 243 (261) – Dienstpflichtverweigerung; *BVerfGE* 32, 98 (107 ff.) – Gesundbeter; *BVerfGE* 44, 37 (49 f.); *BVerfGE* 52, 223 (246) – Schulgebet; *BVerfGE* 108, 282 (297) – Kopftuch; *Martin Morlok*, in: Dreier (Hrsg.), Grundgesetz Kommentar, Bd. 1, 3. Aufl. 2013, Art. 4, Rn. 123 ff.

56 *BVerfGE* 138, 296 (327 ff.) – Kopftuchverbot Nordrhein-Westfalen.

57 *BVerfGE* 39, 334 (346 ff.) – Extremistenbeschluss; *BVerfGE* 108, 282 (286) – Kopftuch; *Peter Badura*, in: Maunz/Dürig, Grundgesetz Kommentar, Stand der 87. Erg.-Lfg. (März 2019), Art. 33 Rn. 60 f.

dies mit in die Waagschale gelegt, liegt es nicht fern, dass die Güterabwägung zugunsten der staatlichen Neutralität ausfallen könnte mit der Folge, dass für Beamtinnen das Tragen des Kopftuchs im Unterricht durch Landesrecht verboten werden kann.[58]

Ob ein entsprechendes Gesetz auf Bundesebene zulässig wäre, hängt von der grundgesetzlichen Kompetenzverteilung ab. Nach Art. 74 Abs. 1 Nr. 27 GG hat der Bund im Rahmen der konkurrierenden Gesetzgebung nur die Befugnis, die Statusrechte und -pflichten der Beamten der Länder zu regeln. Nur wenn dies ein Kopftuchverbot für beamtete Lehrerinnen umfasste, könnte der Bund eine einheitliche länderübergreifende Regelung umsetzen.

In personeller Hinsicht fallen alle Beamte der Länder, Gemeinden und sonstigen öffentlich-rechtlichen Dienstherren unter den Kompetenztitel, damit auch die verbeamteten Lehrerinnen. In sachlicher Hinsicht beziehen sich die Statusrechte und -pflichten, die der Bundesgesetzgeber regeln darf, maßgeblich auf die grundlegende Ausgestaltung des Dienstverhältnisses als Dienst- und Treueverhältnis.[59] Davon wird unter anderem der Beamtenstatus (bspw. auf Lebenszeit oder auf Probe), die Begründung oder die Beendigung des Status umfasst.[60] Die Statuskompetenz stellt eine dienstrechtliche Kernkompetenz dar.[61]

Der Bundesgesetzgeber hat in §§ 33, 34 BStG[62] den Beamten gewisse Verhaltenspflichten auferlegt. In der letzten Legislaturperiode wurde auch das Verbot der Vollverschleierung – also von Burkas – im Beamtendienst in § 34 S. 4 BStG normiert.[63] Insoweit ist der Bundesgesetzgeber davon ausgegangen, dass diese Änderung auch von der Gesetzgebungskompetenz nach Art. 74 Abs. 1 Nr. 27 GG abgedeckt ist. Das Verbot der Vollverschleierung

58 *Heinrich Amadeus Wolff*, Anmerkung zu BVerfG, Beschluss vom 27.1.2015, 1 BvR 471/10 und 1 BvR 1181 /10, BayVBl. 2015, 489 (493).

59 *Christoph Degenhart*, in: Sachs (Hrsg.), Grundgesetz, 8. Aufl. 2018, Art. 74, Rn. 114 f.; *Stefan Oeter*, in: v. Mangoldt/Klein/Starck, Grundgesetz Kommentar, Bd. 2, 7. Aufl. 2018, Art. 74 Abs. 1 Nr. 27, Rn. 178.

60 *Degenhart*, (Anm. 61), Rn. 114 f.

61 *Ulrich Battis/Klaus Joachim Grigoleit*, Die Statusgesetzgebung des Bundes. Dienstrechtliche Gesetzgebungskompetenz und Gesetzgebungspflicht des Bundes nach der Föderalismusreform, ZBR, 2008, 1 (4).

62 Beamtenstatusgesetz vom 17.6.2008 (BGBl. I S. 1010), zuletzt geändert durch Art. 10 des Gesetzes vom 20.11.2019 (BGBl. I S. 1626).

63 BGBl. 2017 I, S. 1570.

zielt darauf ab, Konflikte zwischen religiös oder weltanschaulich motivierter Vollverschleierung und staatliche Neutralität zu vermeiden, und vor allem die vertrauensvolle Kommunikation zwischen der Verwaltung und dem Bürger zu sichern. Wegen dieser fundamentalen Bedeutung für das Beamtentum – nämlich der Erkennbarkeit der Beamten – fällt diese Regelung unter die Kernkompetenz des Bundes. Ein Kopftuchverbot würde zwar auch der staatlichen Neutralität dienen, wäre aber zur Sicherstellung der Funktionsfähigkeit des Beamtentums nicht ausreichend. So kann dem Kopftuchverbot nicht dieselbe Kernbereichsrelevanz unterstellt werden wie dem Verbot der Vollverschleierung. Ein Kopftuchverbot ist daher nicht in der Kernkompetenz des Bundes für den Beamtenstatus nach Art. 74 Abs. 1 Nr. 27 GG anzusiedeln und kann nicht auf Bundesebene für Landesbeamte durchgesetzt werden. Wo der Bund keine im Grundgesetz begründete Gesetzgebungskompetenz hat, sind die Länder zuständig, Art. 30 und 70 GG. Für Bundesbeamte ist der Bund zuständig, Art. 73 Abs. 1 Nr. 8 GG.

2. Kopftuchverbot für eine Schülerin, Beteiligung am Schwimmunterricht

Schwieriger ist die Frage, wie es mit einem Kopftuchverbot für Schülerinnen steht. Es gibt die Schulpflicht und damit die Anwesenheitspflicht im Unterricht, übrigens auch beim Schwimmen und allgemein beim Sport, wenn das Fach Teil des Unterrichts ist.[64]

Wenn nun die muslimischen Eltern einem Mädchen vor deren Religionsmündigkeit aufgeben, mit dem Kopftuch in die Schule zu gehen, wie steht es dann um die Neutralität der Schule, die negative Religionsfreiheit christlicher oder areligiöser Schüler und wie um den Schulfrieden?

Im Zweifel wird man sicher sagen, dass an eine Lehrerin strengere Anforderungen zu stellen sind als an eine Schülerin, was die Neutralität des staatlichen Schulwesens angeht. Die Lehrerin und die Schülerin haben im Schulwesen verschiedene Positionen inne; die Lehrerin ist Repräsentantin

64 S. nur bspw. § 26 Sächsisches Schulgesetz in der Fassung der Bekanntmachung vom 27.9.2018 (SächsGVBl. S. 648), zuletzt geändert durch Artikel 14 des Gesetzes vom 14.12.2018 (SächsGVBl. S. 782) oder §§ 34 ff. des Schulgesetzes für das Land Nordrhein-Westfalen vom 15.2.2005 (GV. NRW. S. 102), zuletzt geändert durch Artikel 2 des Gesetzes vom 3.12.2019 (GV. NRW. S. 894).

des Staats, die Schülerin nutzt die Schule als Lernort, sie steht dem Staat gegenüber. Und ein Verbot wäre auch schwer zu administrieren – oder soll ein Lehrer einem solchen Mädchen das Kopftuch gegen ihren Willen vom Kopf nehmen?

Das Tragen eines Kopftuchs ist auch in der Schule von der Religionsfreiheit umfasst. Zwar ist das Schulumfeld natürlich besonders sensibel, weil auch zwischen Schule und Schülern ein „besonderes Gewaltverhältnis" besteht, aber dadurch wird die Grundrechtsberechtigung von Schülerinnen und Schülern in der Regel nicht beschränkt.[65] Auch ist festzustellen, dass ein Verbot des Tragens von Kopftüchern einen Eingriff in die Religionsfreiheit darstellt, wenn das Kopftuch von der Trägerin nach ihrem persönlichen Religionsverständnis verpflichtend zu tragen ist.[66] Dazu gehört auch, dass die Schülerin ihr Kopftuch freiwillig trägt und sie sich ohne Druck dazu entschieden hat. Es muss klar sein, dass die Schülerin das Kopftuch selbst tragen möchte. Dann soll das Tragen auch erlaubt sein.

Zum Fall der Beteiligung am Schwimmunterricht sei Folgendes gesagt; hier ist nach dem Prinzip der praktischen Konkordanz ein Ausgleich der Rechtsgüter zu verlangen, der insgesamt möglichst schonend mit den Verfassungsgütern umgeht.[67] In diesem Fall sind die positive Religionsfreiheit der muslimischen Schülerinnen, die negative Religionsfreiheit der anderen Schüler (wenn diese überhaupt betroffen ist), die staatliche Neutralitätspflicht, die Sicherung des Schulfriedens und der Erziehungsauftrag des Staates abzuwägen. Man sieht schon an der Anzahl der abzuwägenden Rechtsgüter, dass dieses Problem rechtlich nicht eindeutig zu lösen ist.

Für die muslimischen Schüler ist es meines Erachtens zu ertragen, Schüler und Schülerinnen in weniger bedeckender Badekleidung zu sehen. Umgekehrt ist auch der Anblick von muslimischen Schülerinnen, die ihre Religionsauffassung durch einen anderen Badeanzug offen sichtbar nach außen tragen, durch die nicht-muslimischen Schüler zu ertragen. Die Schule spiegelt die soziale Wirklichkeit und Breite der Gesellschaft wider und soll auf

---

65 *Eberhard Schmidt-Aßmann*, in: Maunz/Dürig, Grundgesetz Kommentar, Stand der 86. Erg.-Lfg. (Januar 2019), Art. 19 Abs. 4 Rn. 86.

66 *Moritz L. Jäschke/Tobias Müller*, Kopftuchverbot gegenüber Schülerinnen an öffentlichen und privaten Schulen, DÖV 2018, 279.

67 *BVerfGE* 52, 223 (246 f.) – Schulgebet; *BVerfGE* 108, 282 (301 ff.) – Kopftuch; *BVerfGE* 138, 296 (333) – Kopftuchverbot Nordrhein-Westfalen.

diese vorbereiten, dazu gehört auch zu sehen, wie Menschen mit anderen Religionsauffassungen diese in ihrem Leben praktisch werden lassen.[68]

Jedenfalls wenn das Tragen eines sogenannten Burkinis (ein Badeanzug, der den gesamten Körper außer Gesicht, Hände und Füße verdeckt) möglich ist, muss die Schulpflicht durchgesetzt werden, soweit Schwimmen ein reguläres Fach ist. Der Eingriff in die Religionsfreiheit der Schülerin ist gering und überwiegt nicht die anderen Rechtsgüter.[69] Insofern wird man das Tragen von Kopftüchern und Burkinis von muslimischen Mädchen in der Schule wohl aushalten müssen, es sei denn, es verstößt gegen Hygienevorschriften als für alle geltende Regeln oder es geht um einen Missbrauch des Elternrechts und einen offensichtlichen Zwang der Eltern gegenüber den Mädchen.

Mit solchen Konflikten umzugehen, ist dann eine Frage kluger Pädagogik und nicht scheinkluger Juristerei.

3. Kopftuch der Richterin

Schließlich steht das Tragen des muslimischen Kopftuches auch im Gerichtssaal in der Diskussion. In der Öffentlichkeit wurde vor allem der Fall einer ein muslimisches Kopftuch tragenden Rechtsreferendarin in Hessen diskutiert, der versagt wurde, während ihrer Ausbildung Aufgaben wahrzunehmen, die den Anschein gegenüber Bürgerinnen und Bürgern erwecken, sie sei Repräsentantin des Staates. Sowohl der Hessische Verwaltungsgerichtshof als auch das BVerfG haben dieses Verbot in einstweiligen Verfahren aufrechterhalten.[70]

Das halte ich für richtig. Die Positionen von Lehrpersonal in der Schule einerseits und der von Personal in der Justiz andererseits sind grundlegend andere:

---

68 *BVerwGE* 147, 362 (377 f.) – Befreiung vom koedukativen Schwimmunterricht; *Roman Lehner*, Religionsfreiheit und Neutralität nach „Kopftuch II“, JM 2015, 379 (383).

69 *BVerwGE* 147, 362 (374 f.) – Befreiung vom koedukativen Schwimmunterricht.

70 *VGH Hessen*, ESVGH 67, 238 – Kopftuchverbot für Rechtsreferendarinnen; *BVerfG*, NJW 2017, 2333.

Richterinnen und Rechtsreferendarinnen repräsentieren den Staat in einer strengen Form der Ausübung hoheitlicher Gewalt. Die Justiz ist als die dritte Staatsgewalt eine der wichtigsten Berührungspunkte des Bürgers mit dem Staat. Lehrer dagegen haben eher pädagogische Aufgaben, sie üben im Unterricht nicht klassische hoheitliche Gewalt aus.[71]

Das unterscheidet diese beiden Fälle. Eine Gefährdung der staatlichen Neutralität allein durch ein parteinehmendes Äußeres ist in der Justiz deutlich wahrscheinlicher als in der Schule. Die Schule ist weniger öffentlich als die Justiz. Die Schule wird als Ganzes unter die Aufsicht des Staates gestellt, Art. 7 Abs. 1 GG.[72] Dabei wird sie nicht komplett der gesellschaftlichen Sphäre entrissen. Stützen lässt sich das auch auf Art. 6 Abs. 2 S. 1 GG, der Erziehungsauftrag der Eltern und das staatliche Schulwesen sind gleichgeordnete Positionen.[73]

Beteiligte eines Gerichtsverfahrens haben ein Recht auf unabhängige und unparteiliche Richter, die nur dem Gesetz unterstellt sind, Art. 97 Abs. 1, 101 Abs. 1 S. 2 GG.[74] Der Richter muss unbedingt unparteilich sein.[75] Von Richtern und anderen Personen, die hoheitliche Positionen dem Bürger gegenüber einnehmen (wie eben Rechtsreferendare), ist eine strenge Einhaltung des Neutralitätsgebots zu fordern, was ein Kopftuchverbot im Gerichtssaal rechtfertigt.

---

71 *Ernst-Wolfgang Böckenförde*, Kreuze (Kruzifixe) in Gerichtssälen? Zum Verhältnis von staatlicher Selbstdarstellung und religiös weltanschaulicher Neutralität des Staates, ZevKR 20 (1975), 119 (132).

72 *Böckenförde*, Kreuze (Kruzifixe) in Gerichtssälen? Zum Verhältnis staatlicher Selbstdarstellung und religiös weltanschaulicher Neutralität des Staates, ZerKR 20 (1975), 119 (132).

73 *BVerfGE* 34, 165 (182) – Förderstufe; *BVerfGE* 41, 29 (50 f.) – Simultanschule; *BVerfGE* 52, 223 (236) – Schulgebet; *BVerfGE* 59, 360 (379) – Schülerberater; ; *BVerfGE* 93, 1 (21) – Kruzifix; *Wolfram Höfling*, Elternrecht, in: Isensee/Kirchhof (Hrsg.): HStR VII, 3. Aufl. 2009, § 155, Rn. 91.

74 *BVerfGE* 4, 412 (416) – Gesetzlicher Richter; *BVerfGE* 21, 139 (145 f.) – Freiwillige Gerichtsbarkeit; *BVerfGE* 23, 321 (325); *BVerfGE* 82, 286 (298) – Amtszeit eines Verfassungsrichters.

75 *BVerfGE* 21, 139 (145 f.) – Freiwillige Gerichtsbarkeit; *BVerfGE* 103, 111 (140) – Wahlprüfung Hessen.

II. Das Burkaverbot

Unter dem Stichwort Burkaverbot fordern derzeit manche ein Verbot der Vollverschleierung muslimischer Frauen im öffentlichen Raum. Den ganzen Körper zu verschleiern sei kein Ausdruck von Religionsfreiheit, sondern ein Symbol für die Unterdrückung von Frauen. In Deutschland müsse jedermann und damit auch jede Frau Gesicht zeigen. Nur so sei Kommunikation in einer modernen Gesellschaft möglich.

Für die weitere Erörterung dieser Frage unterscheide ich im Folgenden nicht zwischen der meist blauen Burka oder dem Hidschab oder der Nikab. Und ich unterstelle für die Debatte, dass die Burka freiwillig und aus religiösen Gründen getragen wird. Ein zwangsweises Tragen der Burka von Frauen in Deutschland ist ja auch für den Rechtsstaat nicht so ohne Weiteres zu erkennen.

Soweit das Tragen einer Burka Ausdruck eines freiwilligen religiösen Bekenntnisses ist, schützt das Grundgesetz dies auch als Ausdruck der Glaubensfreiheit. Dabei spielt es keine Rolle, ob dies Ausdruck des Mehrheitsempfindens der Bevölkerung ist. Entscheidend ist die individuelle Religionsauffassung. Das Grundgesetz schützt auch Minderheiten.

Persönlich halte ich das öffentliche Tragen der Burka in Deutschland für ärgerlich und falsch. Es entspricht nicht unserem kulturellen Selbstverständnis und unserem Verständnis von der Rolle der Frau.

Ein Verbot ließe sich verfassungsrechtlich aber nur rechtfertigen, wenn das Tragen der Burka mit anderen dieses Tragen überragenden Verfassungswerten oder den Grundrechten Dritter in Konflikt gerät.[76] Das könnte die Gleichberechtigung von Mann und Frau sein oder sogar die Menschenwürde betreffen. Es wäre auch zu berücksichtigen, um wen es bei einem Burkaverbot geht. Geht es um Frauen, die dauerhaft in Deutschland leben? Würde ein Verbot auch für Frauen gelten, die ihre Männer bei einer Operation in Deutschland begleiten? Und wäre es wiederum anders bei Frauen von Diplomaten, die in Burka im öffentlichen Raum auftreten?

---

76 *BVerfGE* 28, 243 (261) – Dienstpflichtverweigerung; *BVerfGE* 32, 98 (107 ff.) – Gesundbeter; *BVerfGE* 44, 37 (49 f); *BVerfGE* 52, 223 (246) – Schulgebet; *BVerfGE* 108, 282 (297) – Kopftuch; *Martin Morlok*, in: Dreier (Hrsg.), Grundgesetz Kommentar, Bd. 1, 3. Aufl. 2013, Art. 4, Rn. 123 ff.

Oft wird zur Zulässigkeit eines Verbots auf andere europäische Staaten verwiesen, so auf Frankreich, das bereits im Oktober 2010 ein Gesetz erlassen hat, das die Vollverschleierung in der Öffentlichkeit verbietet.[77] Belgien führte als weiterer europäischer Start ein Burkaverbot ein. Dort ist geregelt, dass Kleidung, „die das Gesicht ganz oder teilweise bedeckt", in der Öffentlichkeit verboten wird.[78]

Letzteres wirft im Übrigen die Frage auf, wie die Rechtslage wäre, wenn es nicht um das Verbot nur der religiösen Burka ginge, sondern um ein Verbot von Verschleierung oder Gesichtsverhüllung im öffentlichen Bereich schlechthin, ganz ohne Berufung auf die Religion. So etwas gibt es auch bei uns mit dem Vermummungsverbot bei Demonstrationen.[79] Aber das ist kein allgemeines Vermummungsverbot jenseits von Demonstrationen. Es gibt aus Gründen der Verkehrssicherheit oder des Arbeitsschutzes umgekehrt sogar Vorschriften *für* das Tragen von Helmen oder Schutzbrillen, die das Gesicht gerade unkenntlich machen.[80] Daher scheinen mir Versuche, der Rechtsproblematik eines Burkaverbotes dadurch auszuweichen, dass man allgemein Vermummung ohne jeden Bezug auf die Religion untersagt, nicht besonders geeignet.

2014 entschied der Europäische Gerichtshof für Menschenrechte in Straßburg, das Burkaverbot in Frankreich verstoße nicht gegen die Europäische Menschenrechtskonvention.[81] Darauf berufen sich in Deutschland einige im Hinblick auf ihre Forderung nach einem Burkaverbot auch in Deutschland.

---

77 LOI n° 2010-1192 du 11 octobre 2010 interdisant la dissimulation du visage dans l'espace public.

78 Art. 563 bis 564 des belgischen Code Pénal.

79 § 17a Abs. 2 Nr. 1 des Versammlungsgesetzes in der Fassung der Bekanntmachung vom 15.11.1978 (BGBl. I S. 1789), zuletzt geändert durch Art. 2 des Gesetzes vom 8.12.2008 (BGBl. I S. 2366).

80 Vgl. nur § 2 der Verordnung über Sicherheit und Gesundheitsschutz bei der Benutzung persönlicher Schutzausrüstungen bei der Arbeit vom 4.12.1996 (BGBl. I S. 1841).

81 *EGMR*, Urteil vom 1.7.2014 – 43835/11 – SAS/Frankreich = NJW 2014, 2925.

Der Vollständigkeit halber muss man allerdings in diesem Kontext auf zweierlei hinweisen:

Erstens hat der Europäische Gerichtshof für Menschenrechte nicht entschieden, dass das Burkaverbot an sich rechtens ist. Sondern lediglich, dass der französische Staat einen weiten Ermessenspielraum hat, ein solches Verbot im Rahmen seiner verfassungsrechtlichen Prinzipien selbst zu erlassen.[82] Das ist für manche vielleicht ein kleiner, aber im Ergebnis doch sehr feiner Unterschied.

Und *zweitens* haben die Erfahrungen in Frankreich nach gut fünf Jahren Burkaverbot gezeigt, dass die Burka nicht aus dem gesellschaftlichen Leben verschwunden ist. Dort nehmen sogar manche die Zahlung eines Bußgeldes in Kauf und behalten ihre Burka.[83] Ein Verbot, das nicht durchgesetzt wird, ist aber nicht sinnvoll und verkommt zu einem symbolischen Verbot.

Zu diesem Thema kann man freilich divergierende Auffassungen vertreten. Entscheidend ist indes in Deutschland, wie das Bundesverfassungsgericht die Sache entscheiden würde. Und diesbezüglich gehe ich davon aus, dass das deutsche Bundesverfassungsgericht strengere Anforderungen an ein Burkaverbot allgemeiner Art erheben würde als der Conseil Constitutionnel in Frankreich.

Aus einer Gesamtzusammenfassung der Rechtsprechung des Bundesverfassungsgerichts zu Verboten lässt sich ableiten, dass das Gericht strenge Anforderungen an das Erfordernis der Geeignetheit und Verhältnismäßigkeit eines Verbotes stellen würde. Und diese Verhältnismäßigkeit würde das Verfassungsgericht angesichts der kleinen Anzahl von Burkaträgerinnen in Deutschland nach meiner Einschätzung vermutlich verneinen. Wenn es schon beim Tragen eines Kopftuches von einer Lehrerin in der Schule auf die konkrete Feststellung einer Gefahr für den Schulfrieden ankommt, dann würde bei einem Burkaverbot erst recht verlangt, dass das Tragen einer Burka eine Gefährdung für das friedliche Zusammenleben in ganz Deutschland oder zumindest in bestimmten Regionen bedeuten müsste.

---

82 *EGMR*, Urteil vom 1.7.2014 – 43835/11 – SAS/Frankreich, Rn. 153 ff.

83 Vgl. z. B. *Michaela Wiegel*, Was hat das Burkaverbot in Frankreich bewirkt?, abrufbar unter https://www.faz.net/-gq5-9pn8g, zuletzt abgerufen am 4.4.2020.

Außerdem will ich darauf hinweisen, dass die Zuständigkeit für ein solches Burkaverbot wohl bei den Ländern läge. Es ließe sich aber keinen großen Sinn darin erkennen, dass diese Rechtsfrage zwischen den Bundesländern unterschiedlich geregelt wird und dann eine Burkaträgerin im Zug von München nach Hamburg ihre Burka auf- und abziehen müsste, je nachdem, durch welches Bundesland der Zug gerade fährt. Und schließlich ist auch zu beachten, dass es Polizisten wären, die dann bis hin zum unmittelbaren Zwang das Verbot des Burkatragens durchsetzen müssten. Dadurch entstünde vielleicht sogar eher eine Gefahr für das friedliche Zusammenleben als durch das Tragen der Burka an sich. Ich rate daher von einem gesetzlichen Verbot des generellen Burkatragens in Deutschland ab.

Etwas anderes gilt, wenn das Gesicht-Zeigen für alle – unabhängig von der Religion – funktional geboten ist: bei Pass- und Ausweiskontrollen, bei der Identitätsfeststellung im Wahllokal, als Zeuge vor Gericht, sonstigem persönlichen Erscheinen u. Ä. m. Ebenso muss für die Beamten des Staats etwas anderes gelten. Hier ist das Tragen der Burka ohne rechtliche Bedenken zu verbieten. Das hat der Gesetzgeber in der letzten Wahlperiode auf meine Initiative hin geregelt.[84] Wenn da noch mehr geht, bitte. Eine Klage dagegen gibt es meines Wissens nicht.

III. Finanzierung aus dem Ausland

Die Finanzierung von Religionsgemeinschaften aus dem Ausland wird in der letzten Zeit besonders heftig diskutiert. Dies gilt insbesondere für die Finanzierung aus der Türkei oder bestimmten arabischen Ländern, sei es für Gemeinden oder sei es für die Finanzierung der Imame. Schwieriger ist die Frage, ob die Auslandsfinanzierung von Religionsgemeinschaften in Deutschland generell verboten oder jedenfalls voll transparent gemacht werden soll.

Die Regelungen zur Finanzierung gehören zu den Rechten der Selbstbestimmung von Religionsgemeinschaften.[85] Es ist dem demokratischen Rechtsstaat nach deutscher Verfassungslage grundsätzlich untersagt, in dieses Selbstbestimmungsrecht der Religionsgemeinschaften einzugreifen.

84 Vgl. BGBl. I 2017, S. 1570 ff.

85 *Stefan Mückl*, Grundlagen des Staatskirchenrechts, in: Isensee/Kirchhof (Hrsg.): HStR VII, 3. Aufl. 2009, § 159 Rn. 82.

Wenn er es doch tut, so unterläge ein solches Gesetz den verfassungsrechtlichen Schrankenbestimmungen und natürlich dem Grundsatz der Verhältnismäßigkeit.

Insbesondere Art. 137 Abs. 3 WRV stellt eine solche Schrankenbestimmung auf. Danach kann das Selbstbestimmungsrecht nur im Rahmen der für alle geltenden Gesetze eingeschränkt werden. Ein Sondergesetz *für* bestimmte Religionen wäre deshalb verfassungsrechtlich problematisch. Stichwort: Islamgesetz.[86] Ein Sonderrecht *gegen* Religionsgemeinschaften ist ausgeschlossen.

Ist eine Religionsgemeinschaft allerdings ein Verein im rechtlichen Sinne, dann gilt das Vereinsrecht als ein für alle geltendes Gesetz, spätestens seitdem das Religionsprivileg abgeschafft wurde.[87] Und hier gibt es die Möglichkeit des Verbotsverfahrens.[88] Hierfür müsste einer der Verbotstatbestände des Art. 9 Abs. 2 GG bzw. § 3 Abs. 1 S. 1 VereinsG erfüllt sein. Der Verein müsste dem Zwecke oder seiner Tätigkeit nach gegen ein Strafgesetz verstoßen oder er müsste sich gegen die verfassungsmäßige Ordnung oder den Gedanken der Völkerverständigung richten.[89]

Für ein Verbot wegen Verstößen gegen das Strafgesetz wird dem Verein das Handeln seiner Mitglieder zugerechnet, wenn ein Zusammenhang des Handels zur Tätigkeit im Verein oder seiner Zielsetzung besteht, die Handlungen auf einer organisierten Willensbildung beruhen und anzunehmen ist, dass der Verein das Verhalten duldet, § 3 Abs. 5 Nr. 1 bis 3 VereinsG.

Demgegenüber ist ein Verbot allein wegen einer verfassungsfeindlichen Gesinnung nicht zu rechtfertigen. Vielmehr muss die Gemeinschaft sich

---

86 Das österreichische Bundesgesetz über die äußeren Rechtsverhältnisse islamischer Religionsgesellschaften – Islamgesetz 2015 (BGBl. für die Republik Österreich I Nr. 39/2015) wäre in Deutschland also nicht möglich.

87 *BVerfGK* 2, 22 (24 f.) – Verbot des so genannten Kalifatstaats; s. BGBl. I 2001 S. 3319.

88 Art. 9 Abs. 2 GG; §§ 3 ff. des Gesetzes zur Regelung des öffentlichen Vereinsrechts (Vereinsgesetz) vom 5.8.1964 (BGBl. I S. 593), zuletzt geändert durch Gesetz vom 10.3.2017 (BGBl. I S. 419).

89 S. auch *BVerfGE* 102, 370 (391) – Körperschaftsstatus der Zeugen Jehovas; *BVerwG*, NVwZ 2006, 694.

aktiv, aggressiv und kämpferisch gegen Verfassungsprinzipien richten.[90] Die Verfassungsordnung umfasst dabei die Achtung der Grundrechte, das Demokratieprinzip, die Wahrung eines Mehrparteiensystems und des Rechts der Oppositionsbildung sowie das Rechtsstaatsprinzip.[91]

Für das Verbot wegen Handels gegen den Gedanken der Völkerverständigung ist die Eignung der Vereinstätigkeit für eine schwerwiegende, ernste und nachhaltige Beeinträchtigung erforderlich.[92] Dazu zählt auch die Unterstützung von anderen Gruppen, die eine solche Beeinträchtigung bewirken.[93]

Schließlich ist wegen der Betroffenheit der kollektiven Religionsfreiheit auch der Verhältnismäßigkeitsgrundsatz – aufgrund des nach Art. 9 Abs. 2 GG fehlenden Ermessenspielraums („sind verboten") bei der Feststellung des Tatbestandes – zu berücksichtigen.[94]

Vor diesem Hintergrund können vom Ausland finanzierte Vereine verboten werden, selbst wenn sie Religionsgemeinschaften sind. Und natürlich wäre eine Auslandsfinanzierung zum Zwecke der Spionage strafbar und unterfiele nicht dem besonderen Schutz für Religionsgemeinschaften.[95] In der Sache geht es hier aber auch nicht um Religionsfreiheit. Zwar schützt sie vieles, aber stets im Kontext des Glaubens und der Weltanschauung, nicht im Kontext der Interessen anderer Staaten.

Unsere christlichen Kirchen weisen übrigens darauf hin, dass sie ihrerseits ausländische Gemeinden mit Finanzmitteln unterstützen. Und sie möchten nicht, dass aus einem Verbot für die Finanzierung von Religionsge-

90 *BVerfGK* 2, 22 (24 f.) – Verbot des so genannten Kalifatstaats; *BVerwG*, NVwZ 2014, 1573 (1576, 1579) – Vereinsverbot wegen salafistischer Bestrebungen – DawaFFM.

91 *BVerwG*, NVwZ 2014, 1573 (1576, 1579) – Vereinsverbot wegen salafistischer Bestrebungen – DawaFFM.

92 *BVerwG*, NVwZ 2005, 1435 (1436) – Vereinsverbot wegen Verstoßes gegen den Gedanken der Völkerverständigung; *BVerwG*, NVwZ 2014, 1573 (1579) – Vereinsverbot wegen salafistischer Bestrebungen – DawaFFM.

93 *BVerwG*, NVwZ 2005, 1435 (1436) – Vereinsverbot wegen Verstoßes gegen den Gedanken der Völkerverständigung.

94 *BVerwG*, NVwZ 2014, 1573 (1576) – Vereinsverbot wegen salafistischer Bestrebungen – DawaFFM.

95 § 99 StGB.

meinschaften in Deutschland aus dem Ausland ein analoges Verbot im Ausland für Finanzierungen aus Deutschland folgen könnte.

Meine Meinung zu dieser Frage stellt sich wie folgt dar:

Es besteht zwar zum Schutz der demokratischen Willensbildung in Deutschland ein generelles Verbot von Parteispenden aus Staaten außerhalb der EU. Ausnahmen sind nur zulässig, wenn die Spende von einem deutschen oder europäischen Unternehmen stammt, bei Privatpersonen weniger als 1.000 Euro beträgt oder an die Partei einer nationalen Minderheit geht.[96] Auf Religionsgemeinschaften ist das aber wegen ihres besonderen Status nicht übertragbar. Ein generelles Verbot der Auslandsfinanzierung halte ich für rechtlich problematisch.

Für möglich halte ich dagegen eine Pflicht zur Veröffentlichung aller Zuwendungen aus dem Ausland an Religionsgemeinschaften. Das Recht zur Selbstorganisation wird nicht dadurch unverhältnismäßig beschränkt, dass man ausländische Quellen der Finanzierung offenlegen muss. Jeder gemeinnützige Verein muss seine Finanzen gegenüber dem Finanzamt offenlegen, damit geprüft werden kann, ob die Gemeinnützigkeit noch vorliegt.[97]

Mein Fazit lautet daher: Verbot von Auslandsfinanzierung nein, Transparenz ja.

IV. Einführung einer Moschee- oder Islamsteuer

Wer gegen die Finanzierung von islamischen Gemeinden aus dem Ausland ist, wird die Frage beantworten müssen, wie denn die Finanzierung aus dem Inland gesichert werden kann. Dazu gehören sicher Spenden und Beiträge der Gläubigen. Es stellt sich darüber hinaus aber die Frage, ob eine Moscheesteuer ähnlich wie die Kirchensteuer in Deutschland zulässig wäre.

---

96 § 25 Abs. 2 Nr. 3 des Parteiengesetzes in der Fassung der Bekanntmachung vom 31.1.1994 (BGBl. I S. 149), zuletzt geändert durch Art. 1 des Gesetzes vom 10.7.2018 (BGBl. I S. 1116).

97 § 63 Abs. 3 Abgabenordnung in der Fassung der Bekanntmachung vom 1.10.2002 (BGBl. I S. 3866; 2003 I S. 61), zuletzt geändert durch Art. 1 des Gesetzes vom 21.12.2019 (BGBl. I S. 2875).

Die Antwort ist ja, wenn die islamischen Religionsgemeinschaften Körperschaften des öffentlichen Rechts wären oder würden und wenn sie die gleichen Bedingungen erfüllten wie christliche Kirchen. Das Recht der Steuererhebung ergibt sich für körperschaftliche Religionsgesellschaften schon aus der Verfassung, Art. 140 GG i. V. m. Art. 137 Abs. 6 WRV. Auch hier gilt: Für die Anerkennung als Körperschaft des öffentlichen Rechts sind die Bundesländer zuständig.

In jüngerer Zeit wird aber darüber diskutiert, ob es auch dann eine Moscheesteuer geben könne, wenn eine islamische Vereinigung keine Körperschaft des öffentlichen Rechts sei. Dafür spreche das Ziel der Unabhängigkeit der inhaltlichen Ausrichtung vom Ausland. Auch hier ist indes ein Sonderrecht für den Islam problematisch und verfassungsrechtlich angreifbar: Gerade das Steuerrecht verlangt viele förmliche Regelungen. Warum sollte man ausgerechnet bei der Trägerschaft des Begünstigten einer Steuer davon abweichen?

Was ich mir dagegen vorstellen könnte, ist, dass in ähnlicher Weise wie dies in den Staatsverträgen mit den christlichen Kirchen auf Länderebene geschieht, Staatsverträge mit islamischen Religionsgemeinschaften geschlossen werden, in denen dann mit öffentlichen Mitteln die Finanzierung von Imamen geregelt wird. Aber auch hier wird man grundsätzlich den Status einer Körperschaft des öffentlichen Rechts verlangen müssen, ausnahmsweise jedenfalls klare Organisationsstrukturen, volle Transparenz, eine in Deutschland abgelegte, staatlich anerkannte Ausbildung der Imame, Verzicht auf Auslandsfinanzierung, unzweifelhafte Verfassungstreue und „Gegenleistungen" in Form von gemeinnützigen Aktivitäten einer solchen Institution. So etwas könnte dem sogenannten „gemäßigten" Islam helfen, in Deutschland institutionell stärker zu werden. Ein Allheilmittel gegen radikalisierte Moscheen wäre das aber freilich nicht. Hier hilft das Ordnungsrecht und nicht das Staatskirchenrecht.

Und wenn diese Möglichkeit durch den Staat geschaffen werden würde, dürfte sie nicht mehr als ein Angebot an die Religionsgemeinschaften sein. Das Recht der Selbstorganisation der Religionsgemeinschaften und die Religionsfreiheit verbieten es dem Staat, islamische Gemeinschaften in Organisationsformen und Regelwerke zu zwängen, die sie nicht wollen oder mit ihren bisherigen Strukturen unvereinbar sind.

V. Schweinefleisch in Kindertagesstätten

Ein weiteres in der öffentlichen Diskussion stehendes Thema ist das Schweinefleisch als Bestandteil der Essensplanung vieler öffentlicher Kindertagesstätten (Kita) und Kindergärten. In diesen Kitas sollte nach Ansicht einiger Kitas oder Eltern aus Rücksicht auf muslimische Kinder bei der Ernährung der Kinder auf Schweinefleisch ganz verzichtet werden. Nach heftiger Kritik haben die Leiter der Kita die Entscheidung vorerst aufgeschoben.[98] Für manche ist diese Anpassung nicht nachvollziehbar, anderen geht sie nicht weit genug.

Selbstverständlich müssen muslimische Kinder kein Schweinefleisch essen. Das wird von Art. 4 GG geschützt. Da die Kinder keine 14 Jahre alt sind, sind sie noch nicht religionsmündig, es kommt also auf die Eltern an, § 5 RelKErzG.[99] Dass aus Gründen der Religionsfreiheit das Schweinefleisch jedoch komplett beiseite gelassen werden soll, ist aus meiner Sicht weder rechtlich erforderlich noch sinnvoll.

Ob hier tatsächlich ein Eingriff in Grundrechte der anderen Kinder und Eltern vorliegt, ist jedenfalls fraglich. Ein Eingriff in die allgemeine Handlungsfreiheit ist im Rahmen der Leistungsverwaltung wohl abzulehnen. Der Eingriff in die Religionsfreiheit oder das Elterngrundrecht aus Art. 6 Abs. 2 GG ist denkbar. Weiter ist auch fraglich, inwiefern die Kitabetreiber an die Grundrechte gebunden sind. Der Kitaträger kann öffentlich sein – oftmals sind dies die Gemeinden und kreisfreien Städte.[100] Es gibt aber auch freie Träger, die Kindertageseinrichtungen betreiben.[101] Unter den Trägern freier Jugendhilfe sind die Kirchen, die Diakonie sowie auch priva-

---

98 Aufregung um Schweinefleisch im Kita-Essen, Süddeutsche Zeitung (SZ) vom 24.7.2019, abrufbar unter https://www.sueddeutsche.de/leben/kita-schweinefleisch-leipzig-1.4537363, zuletzt abgerufen am 4.4.2020.

99 Gesetz über die religiöse Kindererziehung in der im BGBl. III, Gliederungsnummer 404-9, veröffentlichten bereinigten Fassung, zuletzt geändert durch Art. 63 des Gesetzes vom 17.12.2008 (BGBl. I S. 2586).

100 § 3 Abs. 2 S. 1 SGB VIII – Kinder und Jugendhilfe – in der Fassung der Bekanntmachung vom 11.9.2012 (BGBl. I S. 2022), zuletzt geändert durch Art. 8 des Gesetzes vom 30.11.2019 (BGBl. I S. 1163); bspw. § 1 Abs. 1 des Sächsischen Landejugendgesetzes in der Fassung der Bekanntmachung vom 4.9.2008 (SächsGVBl. S. 578), zuletzt geändert durch Art. 23 des Gesetzes vom 11.5.2019 (SächsGVBl. S. 358).

101 § 3 Abs. 2 S. 1 SGB VIII.

te Träger vertreten.[102] Die Einrichtungen öffentlicher Trägerschaft sind als solche grundrechtsgebunden, wie jede Stelle öffentlicher Gewalt, Art. 1 Abs. 3, 20 Abs. 3 GG. Die Grundrechtsbindung der freien Träger wird wohl abgelehnt werden müssen, denn sie üben keine hoheitliche Gewalt aus und sind daher auch keine Beliehenen.[103]

Aber auch hier sollte im Sinne eines Interessenausgleichs eine praktische Lösung gefunden werden. Der Grundsatz der Verhältnismäßigkeit ist als Folge des Rechtsstaatsprinzips aus u. a. Art. 20 Abs. 2 und 3 GG ein Grundprinzip unserer Rechtsordnung.[104] Dieser Grundsatz bietet, auch wenn er im Einzelfall nicht als rechtlicher Grundsatz anwendbar sein mag, eine gute Argumentationsgrundlage für einen politischen Diskurs auf diesem Gebiet. Die Maßnahme muss ein zulässiges Ziel verfolgen, hierfür geeignet und auch erforderlich sein und schließlich auch zumutbar sein, das heißt die Abwägung zwischen dem beeinträchtigten Rechtsgut und dem Rechtsgut, dem durch die Maßnahme gedient wird, muss zugunsten des Letzteren ausgehen.

Zunächst ist festzustellen, dass das Schweinefleischverbot im Kindergarten mit dem Schutz der negativen Religionsfreiheit der Kinder bzw. dem Erziehungsrecht der Eltern ein zulässiges Ziel verfolgen würde; auch ist es geeignet, dies zu erreichen. Aber es ist schon fraglich, ob das Komplettverbot den Ansprüchen der Erforderlichkeit entspricht. Es muss das mildeste unter den gleich geeigneten Mitteln sein. Anstatt das Schweinefleisch für alle auszuschließen, ließe sich eine vegetarische Variante der Mahlzeit anbieten. Es müsste natürlich darauf geachtet werden, dass auch mit den vegetarischen Mahlzeiten eine gesunde und ausgewogene Ernährung gegeben ist. Eine Alternative, die milder in die Freiheit anderer eingreift, ist also gegeben. Da wohl nicht auszuschließen ist, dass sich muslimische Kinder wohler fühlen könnten, wäre Schweinefleisch auf keinem der Teller, kann man mit Mühe die Erforderlichkeit noch bejahen.

---

102 *Jürgen Winkler*, in: Rolfs/Giesen/Kreikebohm/Udsching (Hrsg.), BeckOK Sozialrecht, 55. Edition (1.12.2019), § 3 SGB VIII Rn. 2.

103 OVG Lüneburg, NVwZ-RR 2012, 277; *Jürgen Winkler*, Rolfs/Giesen/Kreikebohm/Udsching (Hrsg.), BeckOK Sozialrecht, 55. Edition (Stand: 1.12.2019), § 3 Rn. 2.

104 *Bernd Grzeszick*, in: Maunz/Dürig, Grundgesetz Kommentar, Stand der 87. Erg.-Lfg. (März 2019), Art. 20 Rn. 107.

Nun müsste die Maßnahme zusätzlich auch verhältnismäßig sein. Und spätestens hier scheitert das Schweinefleischverbot. Denn Alternativen anzubieten, sollte der Religionsfreiheit der muslimischen Kinder und dem Erziehungsrecht ihrer Eltern zumutbar sein und Genüge tun. In der allgemeinen Öffentlichkeit wird man in Deutschland auch als Muslim sehen, dass Schweinefleisch gegessen wird. Das ist ein Umstand, der zu akzeptieren ist. Hierfür ist nicht der Speiseplan der restlichen Kinder einzuschränken. Das Abschaffen des Schweinefleischs in Kitas ist rechtlich nicht geboten und unverhältnismäßig. Die negative Religionsfreiheit kann nicht überwiegen.

Soviel zur rechtlichen Dimension. In der Praxis denke ich, sollte mit guten Erziehungskräften der sensible Umgang mit dem Thema möglich sein. Das Schweinefleisch sollte so getrennt auf den Teller gebracht werden, dass muslimische Kinder ihr Essen bedenkenlos essen können. Für die restlichen Kinder lässt sich dann der Speiseplan so aufrechterhalten wie zuvor.

VI. Glockengeläut

Lassen Sie mich zum Schluss noch ein Beispiel nennen, das den christlichen Bereich betrifft. Nämlich das Läuten von Glocken. Das ist in direkter Nähe von Kirchen in der Regel laut, manchmal sogar sehr laut.

Man unterscheidet diesbezüglich zwischen einem sakralen Glockengeläut und einem nicht sakralen Glockengeläut, etwa zum bloßen Anzeigen der Zeit: Das Anzeigen der Zeit durch Glockengeläut der Kirchen ist nach der Rechtsprechung nicht Ausübung von Religionsfreiheit und insoweit auch nicht besonders geschützt.[105] Es unterliegt insofern also den immissionsschutzrechtlichen Bestimmungen, hier insbesondere § 22 Abs. 1 BImSchG[106].

Das sakrale Glockengeläut dagegen unterfällt dem Selbstbestimmungsrecht der Religionsgemeinschaften aus Art. 140 GG i. V. m. Art. 137 Abs. 3

---

105 *BVerwGE* 90, 163 (167) – Zumutbarkeit von nichtsakralem Glockengeläut während der Nachtzeit.

106 Bundes-Immissionsschutzgesetz in der Fassung der Bekanntmachung vom 17.5.2013 (BGBl. I S. 1274), zuletzt geändert durch Art. 1 des Gesetzes vom 8.4.2019 (BGBl. I S. 432).

WRV und ist auch von der Religionsfreiheit geschützt.[107] Trotzdem unterliegt das liturgische Glockenläuten den immissionsschutzrechtlichen Bestimmungen.[108] Das Immissionsschutzrecht stellt insofern eine Schrankenbestimmung nach Art. 140 GG i. V. m. Art. 137 Abs. 3 S. 1 WRV dar.[109] Wenn sich das Glockenläuten innerhalb des geschützten Selbstbestimmungsrechts und der Religionsfreiheit der Kirchen abspielt, ist nach zutreffender Judikatur des Bundesverwaltungsgerichts regelmäßig nicht von einer erheblichen Belästigung nach § 3 Abs. 1 BImSchG auszugehen.[110] Glockengeläut, das sich zeitlich, der Dauer nach und der Lautstärke nach im Rahmen des Herkömmlichen hält, stellt hiernach auch im säkularisierten Staat eine zumutbare, sozialadäquate Einrichtung dar, und dies insbesondere vor dem kirchenkulturellen Hintergrund des Läutens.[111]

Rechtlich will ich noch weit über das Thema Glockengeläut hinzufügen, dass es kein Recht der Bürgerinnen und Bürger gibt, von historischen, kulturellen, sportlichen und staatlich-institutionellen Symbolen und Geräuschen in ihrer Umgebung und im öffentlichen Raum gänzlich verschont zu bleiben. Deswegen heißt es ja *öffentlicher* Raum.

In der Nähe eines großen Fußballstadions ist es nun einmal laut. Das tiefe Tuten eines Dampfers auf einem großen Fluss ist laut, ein Schützenfest ist laut, ein Karnevalsumzug ist laut, ein Polterabend ist laut, ein Feuerwerk ist laut, ein Open-Air-Konzert ist laut. All das sollten wir nicht in Gewerbegebiete verbannen. In Maßen und nicht zu häufig ist dies nicht nur hinzunehmen, sondern ein wertvoller Bestandteil, ein Schatz unseres gesellschaftlichen Zusammenlebens.

Ich hoffe, das sehen Richter auch in Zukunft so.

---

107 *BVerwGE* 68, 62 (67) – Geräuschimmissionen durch kirchliches Glockengeläute.

108 *BVerwGE* 68, 62 (66 f.) – Geräuschimmissionen durch kirchliches Glockengeläute; *BVerwG*, KirchE 61, 219 (221).

109 *BVerwGE* 68, 62 (66 f.) – Geräuschimmissionen durch kirchliches Glockengeläute; *BVerwG*, KirchE 61, 219 (221).

110 *BVerwGE* 68, 62 (68 f.) – Geräuschimmissionen durch kirchliches Glockengeläute.

111 *BVerwGE* 68, 62 (67) – Geräuschimmissionen durch kirchliches Glockengeläute; *BVerwG*, KirchE 61, 219 (221).

Zeitfracht Medien GmbH
Ferdinand-Jühlke-Straße 7
99095 Erfurt, Deutschland
produktsicherheit@kolibri360.de